D1618021

Bernard Noël
Onze voies de fait *suivi de*
Héloïse et Abélard

Du même auteur :

Aux éditions P.O.L. *Journal du regard, Onze romans d'œil, Treize cases du je, Le 19 octobre 1977, La Reconstitution, Portrait du Monde, L'Ombre du double, Le Syndrome de Gramsci, La Castration mentale, Le Reste du voyage, La Langue d'Anna, L'Espace du poème, Magritte, La Maladie du sens*

Aux éditions Fata Morgana *Une messe blanche, Souvenirs du pâle, Le Double Jeu du tu* (en collaboration avec Jean Frémon), *D'une main obscure, Le Château de Hors, Le Tu et le silence*

Aux éditions Flammarion *Les Premiers mots, Poèmes 1*

Aux éditions Gallimard *Le Château de Cène, André Masson, La Chute des temps*

Aux éditions Ryoan-Ji (André Dimanche) *Marseille New York, Trajet de Jan Voss*

Aux éditions Talus d'Approche *Le Sens la Sensure, La Rencontre avec Tatarka, Quelques guerres*

Aux éditions Unes *Fables pour ne pas, Extraits du corps, Le Lieu des signes, Vers Henri Michaux, Lettres verticales, Correspondances* (avec Georges Perros)

Aux éditions Ombres *La Maladie de la chair*

Aux éditions du Scorff *Site transitoire*

Aux éditions du Cercle d'Art *Fred Deux, Dana, Zao Wou-Ki* (grands formats)

Aux éditions Mémoires du livre *Dictionnaire de la Commune*

Aux éditions l'Atelier des Brisants *Zao Wou-Ki* (Encres sur papier), *Le roman d'Adam et Ève, Vieira da Silva, Un Certain Accent* (Anthologie de poésie contemporaine)

L'Atelier des Brisants
1, boulevard de Candau
40000 Mont-de-Marsan

Bernard Noël
Onze voies de fait *suivi de*
Héloïse et Abélard

Onze voies de fait

Note

L'écriture des *Onze voies de fait* a pour origine une provocation de Michel Mathieu, directeur du Théâtre[2] l'Acte, venu me proposer d'écrire un spectacle à partir des "Onze agressions" de Georges Bataille. Il suffit de lire ce court texte de Bataille pour comprendre combien cette proposition a pu d'abord me révolter tant l'entreprise me paraissait impraticable. Le voici, tel quel, dans son austérité :

Les onze agressions :

1. La chance *contre la masse;*
2. L'unité communielle *contre l'imposture de l'individu;*
3. Une communauté élective *contre toute communauté de sang, de sol et d'intérêts;*
4. Le pouvoir religieux du don de soi tragique *contre le pouvoir militaire fondé sur l'avarice et la contrainte;*
5. L'avenir mouvant et destructeur de limites *contre la volonté d'immobilité du passé;*
6. Le violateur tragique de la loi *contre les humbles victimes;*
7. L'inexorable cruauté de la nature *contre l'image avilissante d'un dieu bon*
8. Le rire libre et sans limite *contre toute explication raisonnable d'un univers absurde;*
9. L'amour de la destinée même la plus dure *contre les abdications du pessimisme ou de l'angoisse;*
10. L'absence de sol et de tout fondement *contre l'apparence de stabilité;*

11. La joie devant la *mort contre toute immortalité;*

En attendant de relever le défi, et surtout, pour gagner du temps, j'ai répondu à Michel Mathieu par cette brève considération plus ou moins "programmatique":

La tragédie, avant d'être un genre théâtral et donc littéraire, est une dimension de la vie humaine. À ce titre, elle implique la présence de forces agressives et ténébreuses toujours prêtes à détruire notre vitalité, mais toujours susceptibles d'être matées par elle et métamorphosées en afflux d'énergie. La conscience de l'agression latente et son affrontement délibéré forment ainsi la base d'un élan de résistance qui, en chacun de nous, est à la fois le mouvement tragique et le mouvement de la CHANCE.

Rien de plus étranger au monde actuel que cet antagonisme fondamental pour la raison qu'on croit l'avoir effacé au moyen du consensus. Bien sûr, la violence subsiste, mais elle est dévoyée dans son surgissement comme dans son traitement. C'est que le DESTIN est passé de l'obscur et du sous-jacent dans la pseudo clarté des jeux de la spéculation et de l'économie.

Les onze voies de fait sont autant de couteaux pour débrider cette situation: l'écorcher de ses voiles. Elles sont aussi une invitation à remonter vers le tragique parce qu'il est la scène naturelle où la manifestation des forces essentielles prépare, non pas notre écrasement, mais notre libération. Le théâtre est le lieu d'un sacrifice fictif car mental et, par cela même, apte à rétablir le "sacré" propice à la communication.

Après quoi, ma répulsion pour l'aventure proposée, n'a fait que croître jusqu'au jour où pour voir, seulement pour voir, j'ai risqué une tentative et écrit les trois premiers tableaux avec l'arrière-pensée de décourager ainsi Michel Mathieu. Le résultat fut à l'inverse de mon attente ou de mon espoir, mais loin de trouver un élan dans ce début, et dans l'intérêt manifesté par mon interlocuteur, j'en tirai le sentiment d'une espèce d'interdit quant à la possibilité d'une suite. Il a fallu une situation exceptionnelle pour que je reprenne et termine : un séjour à Buenos Aires et ma mise hors temps par les circonstances qui m'empêchaient d'en bouger : grêves, faillites des transports, manifestations …

Les *Onze Voies de fait* ont été crées les 10 et 11 décembre 2001 à la MJC de Rodez (direction Daniel Filastre) où le Théâtre² l'Acte se trouvait en résidence de création.

Mise en scène et scénographie de Michel Mathieu.
Comédiens : Nadia Moüeza, Natalie Gouin, Chantal Riotte, Marie-Angèle Vaurs, Alain Cornuet, Marc Lador
Costumes : Nathalie Guillot
Lumières : Jean-Louis Carausse
Constructeur : Pierre Dequivre
Musique : Michel Doneda et Pierre-Olivier Boulant
Images : Bruno Wagner
Affiche, graphisme : Ronald Curchod
Administration : Jean-Paul Mestre

Le spectacle, repris le 24 avril 2002 au Théâtre Garonne, à Toulouse, partira ensuite en tournée.

TABLEAU I : *Deux personnages, 1 et 2.*

1 – Voir, c'est entrer dans le vrai …

2 – Mais alors, tout le monde est dans le vrai puisque tout le monde voit!

1 – Tenez-vous pour vrai tout ce que vous voyez?

2 – Je sais que le regard n'est pas toujours égal tandis que le monde, lui, ne change pas.

1 – La vérité du monde est donc tantôt visible et tantôt invisible bien qu'en réalité elle ne change pas.

2 – C'est l'évidence et c'est un mystère – mystère que chacun porte au sommet de son visage et qui se traduit par le fait qu'à l'instant où vous me fixez, je ne sais pas ce que vous pensez.

1 – Le monde se moque de ce que nous pensons de lui, mais vous, auriez-vous peur que je ne vous considère pas selon votre vérité quand je vous regarde?

2 – Oui, dans la mesure où ceux dont la présence nous devient habituelle cessent d'être vus.

1 – Est-il concevable que l'on s'habitue au point d'oublier la vérité de la présence?

2 – J'imagine que la vérité de notre entourage devient pour ainsi dire ambiante tant il nous devient habituel de vivre en elle.

1 – Tout comme nous vivons dans le sommeil, n'est-ce pas?

2 – Ne respire-t-on pas sans y penser dans la veille aussi bien que dans le sommeil?

1 – Vous avez raison tout comme vous aviez raison de dire que notre regard n'est pas égal : il arrive que l'on s'éveille dans l'éveil.

2 – Et maintenant, par voie de conséquence, vous allez me dire que cette double vue est indispensable pour apercevoir le vrai. Je déteste cette nécessité d'un regard supérieur parce qu'elle crée forcément un privilège. Je déteste que la vérité dépende d'une supériorité.

1 – Libre à vous, bien sûr, de plaider pour la banalité, et libre à moi de ressentir votre choix comme une violence.

2 – Je ne vous l'impose pas!

1 – Non, pas encore, mais en prenant le parti de la banalité, vous prenez le parti de l'aveuglement.

2 – La banalité est modeste et non pas aveugle.

1 – Elle sert à aveugler tous ceux qu'on y cantonne.

2 – C'est encore votre regard supérieur…

1 – On vous incite aujourd'hui à consommer la banalité avec plaisir, ce qui vous évite de la considérer d'un œil critique.

2 – La critique finit toujours par déboucher sur la violence parce qu'elle exige qu'on tienne compte de son avis. La banalité se contente de nous satisfaire. Elle est en somme le territoire du présent. Connaissez-vous un autre lieu de vérité que le présent ?

1 – Je sais que ce lieu est instable, qu'il n'est pas séparé d'un avant qui l'influence et d'un après qui le menace.

2 – N'est-ce pas une raison suffisante pour désirer l'affermir et en protéger la nature ? Si le présent cesse d'être banal, il devient accidentel et donc dangereux.

1 – Bizarre écologie que la vôtre ! le présent ne sera jamais un lieu ferme. Il est toujours déjà passé. Il a besoin d'un projet : c'est le seul moyen de faire souffler la chance à travers lui.

2 – La chance après la vérité, vous aimez décidément les qualités invisibles. Je crains qu'elles ne soient meurtrières à la longue.

1 – Vous êtes du côté du meurtre mental, et bien entendu, vous ne le savez même pas … Mais vous ne savez pas davantage ce qu'est la chance, elle qui a besoin de notre futur cadavre pour remonter de l'avenir vers le présent afin de nous faire danser sur notre propre abîme …

TABLEAU 2 : *Monologue.*

L'ir-é-mé-di-able! L'irrémédiable est très exactement le
piège refermé, si bien refermé que rien ne saurait le rouvrir.
Imaginez un homme enchaîné et battu. Il ne peut parer aucun
coup. Il doit subir, subir et subir. Pas d'issue. Pas la moindre
marge. Aucun répit. Cet homme-là est encagé dans son propre
corps. Encagé dans sa propre vie. Il sait que son existence est
un emboîtement de prisons. Il a trop de peau. Trop d'organes.
Trop de surface. Trop de points exposés. Trop d'individua-
lité. Il n'en ressentait pas autrefois les limites parce qu'elles lui
procuraient plus de jouissances que de restrictions. Il est à présent si à l'étroit qu'il étouffe. Non, il voudrait déchirer ce sac
aussi oppressant que solide. Un seul moyen : mourir. La mort.
Mais SA mort ne dépend pas de lui. Rien n'est de sa volonté.
Rien. Ils ne veulent pas que je meure. Ils veulent me tuer len-
tement. Je le sais. Je sais qu'ils veulent que je le sache. Et que
ce savoir soit une torture supplémentaire. Et qu'il m'enferme
dans mon impuissance. Et que ma rage même menotte ma
pensée. Pourquoi avons-nous besoin d'une situation excessive
pour prendre conscience d'une affaire banale? Prendre
conscience que chacun est enfermé dans ce qu'il a d'ordinaire
de plus précieux – enfermé dans ce qui le rend aimable, sa belle
corporalité… ce corps d'habitude dangereu-
sement mortel et, tout à coup, trop longuement vivant…
trop irrémédiablement vivant…

TABLEAU 3 : *Un homme et une femme.*

F – Que vais-je faire de vous ?

H – Ne sauriez-vous pas vous servir d'un homme ?

F – J'ai cette ignorance.

H – Invoquer votre innocence m'aurait certainement séduit davantage.

F – J'ai craint qu'innocence ne vous renvoie à passivité.

H – Je sais que le mouvement des organes est assez restreint. Au final, leur combinaison se ramène à une seule.

F – La multiplicité des postures compense éventuellement cette restriction de la nature.

H – Voilà une réflexion qui témoigne assez mal de votre ignorance.

F – Est-ce à dire que vous me trouvez belle ?

H – Je n'en suis pas encore aux appréciations. Sachez d'ailleurs que je n'ai pas le culte de l'apparence.

F – Mais avec quoi faire figure ?

H – Nous pourrions nous regarder en silence.

F – Nous pourrions nous toucher en silence.

H – Dans ce cas, quel serait votre premier geste ?

F – J'afficherais une stupeur pudique tout en vous adressant un sourire qui en serait le démenti.

H – Anticipez-vous le résultat de cette attitude ?

F – Je n'ai pas à vous dévêtir de votre indifférence. Je ne préjuge pas de la rapidité de votre échauffement.

H – Êtes-vous capable de vous fier au premier élan ?

F – J'ai à cœur de vérifier d'abord s'il est partagé.

H – Comment distinguer la chiennerie d'un penchant décisif ?

F – Le risque a l'avantage d'être l'intermédiaire le plus résolu de la chance. Peut-être n'aimez-vous pas la chance ?

H – Ne vaut-il pas mieux encadrer les circonstances afin de favoriser sa venue ?

F – Elle perdrait son caractère à être ainsi favorisée.

H – Je pensais à la cérémonie.

F – L'approche, le déshabillage, la nudité …

H – Pas du tout! je ne pensais qu'au glissement. Aux moyens de provoquer le glissement vers l'inévitable.

F – Vous désirez une situation sans issue?

H – Non à une seule issue!

F – Suis-je concernée par ce débat?

H – Tout dépend finalement du choix.

F – Dites plutôt du style …

H – C'est vrai! Mieux vaut mener la relation comme on mènerait un récit. Articuler des gestes comme on articulerait des phrases.

F – Votre langue a-t-elle assez de goût?

H – Le récit a l'avantage d'autoriser une pénétration élective, chose qui permet un passage à l'acte fictif.

F – Et si mon corps trouve un peu trop insuffisante votre fiction?

H – Tant pis, nous en reviendrons à la réalité!

F – Le sang, la boue, les excréments, les larmes, la sueur …

H – Et la mort par-dessus le marché!

TABLEAU 4 : *Monologue.*

… donc, nous inventions quelque chose de neuf dans chaque village histoire de faire grandir la peur. Nous savions – ce que chacun sait depuis toujours, que la terreur sacralise ceux qui l'exercent à condition qu'ils soient sans pitié… Nous avions commencé banalement par des fusillades, des pendaisons, des incendies. Tout cela fabriquait des martyrs a trop bon compte… Cet inhumain, comprenez-moi, était trop humain. Il y manquait la dimension de l'irrémédiable. Pas de remède pour un type à qui on coupe les doigts, puis les mains, puis les bras avec une régularité sans hésitation… Cette boucherie impressionne moins que le geste inexorable et mécanique du hacheur… Évidemment, avant que la cérémonie ne commence, on a rassemblé tout le village, les enfants compris, et à peine a-t-on tranché menu le premier bonhomme qu'on en saisit un autre au hasard – vraiment au hasard, ni suspect, ni arrogant… Les membres, à eux seuls, suffisent à fournir un beau tas de viande car on ne hache pas le buste. On coupe tout juste la tête si l'individu remue encore… Ensuite on appelle les chiens pour nettoyer la place. Les chiens, généralement, reniflent puis s'enfuient. Alors on convoque les cochons, et ils bâfrent à tous les coups, si bien que nous avons fini par répertorier ce supplice sous la rubrique: "La Vengeance des porcs"… La cérémonie se déroulait dans le silence, un silence scandé par les coups. La victime, au bout de trois ou quatre mutilations, était bâillonnée par la douleur et s'évanouissait… Après les coups de plus en plus sonores dans l'état de suspension provoqué par la terreur, c'était le bruit des mâchoires, mais la meilleure trouvaille fut l'hélico. On en pendait un ou deux, par les mains ou par les pieds sous chacun de nos trois hélicoptères... Ils prenaient de la hauteur puis jouaient à se poursuivre en rasant les arbres. Au bout d'un petit quart d'heure, il ne restait pas grand-chose des pendus... Des haillons de viande, du sang dans les branches, ça faisait beaucoup d'effet... Pourtant, rien ne saurait adoucir la déception finale du bourreau quand il constate, une fois de plus, que la victime s'obstine à ne mourir qu'une seule fois...

TABLEAU 5 : *Deux personnages.*

A – Savez-vous pourquoi les gens sont si timorés de nos jours?

B – Les gens! Qui sont les gens? On généralise à partir de deux ou trois voisins comme s'ils étaient l'humanité. La bonne question ne serait-elle pas plutôt: Pourquoi chacun de nous, aujourd'hui, est-il si isolé?

A – On le dit, mais il n'a jamais été aussi facile de voyager, de rencontrer des individus de toute sorte, de toute langue…

B – Votre argument va contre votre position et non pas contre la mienne: les peureux ne voyagent pas! Et puis, rencontrer, comme vous le dites, des individus de toute sorte ne saurait entamer la solitude, tout au plus l'enfumer de quelques illusions très provisoires.

A – D'accord pour la solitude: elle rend plus timoré, plus craintif!

B – Et voilà comment on tourne en rond! Il suffit de raccorder deux pistes pour que leur divergence, tout à coup, se transforme en chemin de ronde. Au lieu d'argumenter en vain, acceptons que ma question devienne une bonne réponse à la vôtre, et nous voilà tranquillement à l'abri dans l'immobilité.

A – Le monde n'allait-il pas mieux quand il restait stable

durant des siècles et des siècles? Pensez à l'Égypte, à la Chine...

B – Vous rêvez d'une grande muraille et, derrière elle, d'une vie immortellement protégée, mais imaginez le même présent à perpétuité...

A – Avouez qu'avoir un chez soi temporel ne doit pas être si désagréable!

B – Habiter dans un temps précis, avons-nous le choix de faire autrement?

A – Quand vous nagez, vos mouvements ne sont-ils pas facilités par la profondeur et n'éprouvez-vous pas une espèce d'exaltation à sentir qu'elle vous porte?

B – C'est bien possible, mais...

A – Eh bien, j'éprouverais une exaltation comparable à sentir que mon présent repose sur une profondeur... immuable. À sentir qu'il est, en moi, le point émergé d'une épaisseur temporelle sans discontinuité.

B – Mais il ne tient qu'à vous d'éprouver que vous voilà à la limite supérieure du flot!

A – Quelque chose me l'interdit, quelque chose comme un dérangement, un détraquement, j'allais dire une flexibilité. La notion d'humanité est devenue très flexible.

B – Toute l'actualité nous pousse à penser le contraire car on ne saurait mondialiser l'humain sans faire disparaître les particularités, les nuances bref ce qu'il y avait de flexible dans le concept.

A – La flexibilité qui s'installe aujourd'hui n'a rien de commun avec les particularités ni avec le sens des limites.

B – En vous entendant parler de nage, d'exaltation, je me suis demandé si votre plaisir ne serait pas lié au sentiment de caresser l'extrémité provisoire du temps, et peut-être de votre propre limite...

A – Et dire que je ne songeais qu'à exprimer ma nostalgie d'une demeure à jamais fixe dans le temps!

B – Avec comme horizon l'étendue paisible de l'avenir?

A – J'étais encore un enfant quand est survenu Hiroshima ... J'ai su pourtant alors que l'avenir ne serait plus jamais le même, qu'il ne viendrait plus jamais s'étendre paisiblement dans la continuité.

B – À quoi bon, dans ce cas, la nostalgie qui, en somme, n'est qu'une faiblesse au croisement de la mémoire et de l'imaginaire?

A – Permettez-moi de la vivre plutôt comme un sanglot poussé par ma limite trop brutalement pincée par l'avenir. Tant pis si mon image est d'un goût douteux : ce sanglot me convient pour dire que j'ai au bout de moi l'inhabitable, et que je le sais par le désir conscient de son contraire. L'avenir enfonce un couteau dans mon présent, et j'en ressens une bienheureuse blessure …

B – Pourquoi bienheureuse?

A – Pour la raison que cette blessure me représente ce que je ne saurais vivre déjà sans mourir et que, ce faisant, elle métamorphose l'instant redoutable en fiction …

TABLEAU 6 : *Monologue.*

… nous avions, c'est vrai, du plaisir à tuer, mais ce plaisir n'était pas celui des tortionnaires, qui satisfont leurs vices sans courir le moindre risque… Nous avions – comme dit l'expression qui ne sait pas ce qu'elle dit – fait le sacrifice de notre vie. Et le dit sacrifice nous avait mis dans la position de ceux qui, revenus de la mort, doivent à ce retour quelque peu anormal un apaisement. Non, nous étions à la fois fiévreux et apaisés… Non, cette dualité a dû venir plus tard. Elle est venue du fait que je ne suis pas mort, et que cette survie a eu pour conséquence que le sacrifice, le mien, n'a pas eu lieu, me laissant orphelin de l'expiation… Nous étions fiévreux d'être constamment au contact de la fin, celle que nous infligions et qui ne cessait de nous représenter la nôtre… Je sais que j'appartiens à une compagnie détestable, et qu'il vous est impossible de me dévisager sans l'apercevoir : la compagnie des criminels légaux… Les actes de ces gens-là sont couverts par l'ordre et l'autorité : ils ne sont désavoués qu'à contretemps quand ils le sont, toujours trop tard pour que le désaveu entraîne une sanction… Je vous dis cela pour prendre mes distances, et cependant que je les prends, une voix proteste en moi car en ce temps là – au temps que j'évoque – il ne me déplaisait pas d'être confondu avec les brutes que leur férocité privait de l'intelligence de leur destin. Je savais que notre cruauté violait toutes les lois qui permettent de vivre en société, mais je savais aussi qu'elle ressemblait au droit divin, qui peut se dérégler librement. Le pouvoir de

26

ce dérèglement est extrême : il permet, dans les actes qu'il inspire, que le corps et l'esprit s'unissent enfin. Et tant pis si le mal est plus propice que le bien à cette union... Ou tant mieux ! Cela devient inconcevable à distance, mais rien ne saurait pareillement permettre d'épouser l'insensé, qui est le soubassement de la vie... Permettre de l'épouser virilement... Ce dernier mot, sachez que je l'avance avec dédain : je n'ai recours à lui que pour sa justesse dans la situation, et non pour la superbe qu'il affiche... J'avais le sentiment de baiser l'insensé, oui de baiser la condition humaine, et de le faire avec tout mon moi, tout mon entier, sans restriction. La cruauté, enfin, nous délivrait de la représentation, elle nous portait au-delà du langage dans une sorte d'expression absolue... Je ne m'exalte pas. Je mets des mots de la hauteur sur la chose basse pour la raison qu'eux seuls lui conviennent... Imaginez la lame qui frappe, qui pénètre. Imaginez la chair qui se fend. Imaginez l'instant infini durant lequel cette fente s'ouvre avant que le sang ne jaillisse : c'est une bouche qui va dire la vérité sur la vie, mais le sang, aussitôt, noie cette vérité si bien qu'elle ne sera jamais prononcée... Ma propre blessure, la blessure fatale, est la seule qui aurait dit clairement cette vérité. L'aurait dite pour moi, mais en survivant j'ai perdu la chance d'éclaircie qu'eût été le sacrifice de ma vie. Comprenez que je tuais pour être tué dans l'espoir de l'échange le plus radical, et, somme toute, le plus durement fraternel. Comprenez que, désormais, il n'y a plus de sens, qu'il ne peut plus y en avoir, car le sens va vers l'épanchement de la vie dans la mort tandis qu'en retournant contre moi sa dureté, le non-sens m'a fait revenir de la mort vers la vie...

TABLEAU 7 : *Une femme, un homme.*

F – Ne vaudrait-il pas mieux les laisser mourir?

H – De quel droit nous arroger ce pouvoir?

F – Il n'est pas question d'un pouvoir : il s'agit seulement de savoir si nous laissons faire la nature, laquelle finira de toute façon par mener à cette conclusion.

H – Notre rôle est justement de retarder cette conclusion, c'est même notre devoir.

F – Depuis quand?

H – Depuis que la consommation du fruit défendu nous a donné, en même temps que la connaissance, le sens de notre destin…

F – En nous châtrant de l'immortalité !

H – Cette perte hypothétique a eu sa compensation : nous sommes devenus responsables et solidaires, ce qui nous habilite à nous passer de Dieu.

F – Mais pas de ses attributs et qualités dilués à la sauce humaniste. N'est-il pas étonnant, par exemple, de lui avoir emprunté la bonté ?

H – Il faut bien protéger la vie et peu importe au nom de quoi!

F – N'auriez-vous pas encore remarqué que la vie détruit la vie, et même qu'elle ne se perpétue qu'à cette condition?

H – Une vérité aussi générale peut être repoussée dans les cas particuliers, et tous les cas sont particuliers dès qu'ils sollicitent notre attention.

F – Si seulement, une fois, vous pouviez suspendre votre sentimentalité pour regarder la situation en face …

H – Ces gens vont mourir de faim: nous devons les secourir puisque nous en avons les moyens.

F – Non, ces gens vont mourir parce qu'ils sont mortels, ni plus ni moins.

H – Vous savez où conduit pareil raisonnement?

F – Sans doute mais pas où vous le pensez! Nous cultivons une morale molle parce que nous n'avons en tête que le salut … Chacun a quelque chose à sauver: sa vie, sa position, sa famille, son fric, sa classe sociale ou – pourquoi pas? – l'humanité … Ah! J'oubliais l'âme parce que l'âme se porte de moins en moins! Et pendant que ce consensus inconscient nous conditionne à l'égal d'un réflexe, nous croyons combattre pour le bien alors que nous savonnons seulement la pente naturelle de notre avilissement …

H – Je devrais vous tuer.

F – Vous manquez du sang-froid indispensable à l'accomplissement de cet acte.

H – C'est que vous n'êtes pas encore une menace directe pour moi.

F – Je suis une menace déguisée en votre semblable, ce qui me donne quelques avantages, sans parler bien sûr de mes avantages naturels …

tableau 8 : *Les mêmes un peu plus tard.*

H – Et le sens de la vie dans tout çà?

F – Il y en a tant de disponibles que vous avez le choix.

H – Vous avez réponse à tout mais vos réponses ne servent à rien.

F – Vous êtes un si brave petit homme: vous devriez ranger votre langue dans une boîte à pansements.

H – Elle peut vous être utile dans ce rôle si vous en manifestez le désir.

F – Et vous pourriez faire cela de sang froid?

H – Sans doute avec le secours d'un sourire …

F – Toujours besoin de sentiment … Faut-il que j'éclate de rire pour que vous compreniez enfin que notre tragédie est comique?

H – Tout dépend de la position?

F – Mettez-vous sur le dos pour changer!

H – Est-ce à dire que je dois vous laisser l'initiative?

F – Pénétrez, pénétrez, cher ami, si cela peut vous rassurer, mais prenez garde de vous étaler tout à coup dans le vide …

H – Vous ne songez qu'à m'humilier!

F – Mais non! Je répète que vous êtes un si brave petit homme, et si courageux dans l'obstination, et par conséquent si ridicule dans l'aveuglement, que vous méritez toute ma considération.

H – Ajoutez que je suis imperturbable!

F – Allons, je souhaite seulement vous pousser à rire de nous: n'avons nous pas un débat risible? Ensuite, vous rirez de moi! les choses graves ont besoin d'une vérification qui déploie la gorge.

H – C'est un besoin que je n'éprouve pas.

F – N'est-ce pas vous, il y a à peine cinq minutes – qui vous jetiez sur moi en me réclamant le sens de la vie? Eh bien, le sens de la vie est à mourir de rire!

H – Ma question n'avait contre elle que d'être abruptement excessive, votre réponse est une pirouette …

F – On ne saurait réussir une pirouette sans une certaine maîtrise de la gravité.

H – Votre brusquerie a dû me dissimuler cette gravité.

F – Vous prenez tout au sérieux, voilà ce qui vous dissimule la gravité !

H – Il ne me reste plus qu'à attendre le retournement de la pirouette, qui vous permettra de me proposer de rire de mourir!

F – N'attendez plus rien, je vais vous faire une confidence décisive et néanmoins grotesque …Vous savez combien me désespère le fait de ne pouvoir me projeter entièrement dans la chose dite, le fait d'être toujours dans la séparation, la distance et la fumée … Car le sens – votre cher sens – est lui aussi une chose fumeuse, un panache, un mouvement en train de se disperser dans la vitesse de son émission … Et bien sûr nous supportons fort paisiblement cette condamnation au bavardage plutôt que de l'affronter avec une conscience impuissante… Alors, je me suis inventée une petite cérémonie, mentale évidemment, que je vous invite à partager à l'instant même où je vous en fais la confidence …Voilà, mémorisez un temple, oui, un de ces bâtiments à colonne de style classique ou néo-classique, et puis mémorisez son espace intérieur, que vous faites propice au recueillement … Une fois ce processus bien rôdé, dressez l'autel … Et maintenant, prenez le sens, ce qui vous paraît le sens de votre vie, et couchez-le sur l'autel … Puis armez-vous de votre impuissance, autrement dit du fameux couteau sans lame auquel manque le manche, et égorgez le sens …

TABLEAU 9 : *Monologue.*

… Je parle. J'ai plaisir à parler. Je ne dois pas ce plaisir à ce que je dis. Je le dois à la perception des mots en train de sourdre. À ce frémissement interne. À ce mouvement de source qui jaillit. Je voudrais le retenir, mais hop! les mots sont déjà sur ma langue, et fini le plaisir. Je me tais. Petite mort intérieure. Suspension. Je sens alors sourdre le silence. Un mot, deux mots, trois mots se glissent par là. Je vais parler. Je parle. Je retrouve mon plaisir. Je le perds à nouveau. Je me laisse choir dans cette perte. Je rebondis aussitôt et, cette fois, c'est l'élan de cette remontée que je sens affluer depuis un fond mouvant. Je joue de la succession des chutes, des retours, des pulsions, des étouffements, des jaillissements. J'observe, je module, je répète, je me lasse. Je vis. Je sens que je suis vivant. Je doute. Non pas de la vie mais de la sensation de la vie. Qu'ai-je senti au juste quand je me suis senti vivant? Oui, ça frémit, ça bouge, ça palpite. C'est en bas. Une coulée douce, une coulée discrète. Non, je ne sens plus rien dès que j'ai senti. Aucune déception dans ce rien. Juste un retour de l'attente. Un creux. Un à pic. Pour un peu j'irais sous mes épaules afin de considérer de haut tout le paysage interne. Je ferme les yeux. Je descends. Je vois la neige des phosphènes. Je m'arrête. J'attends. J'attends que tout redevienne immobile. Que tout l'espace redevienne vide et noir. Plaisir du noir. De la densité. Du luisant. Plaisir de la vie noire. Du noir de la vie. Plaisir de la langue léchant l'éclat. De l'œil sur l'à vif. Et la vie passe. Et le sentiment de sa vivacité accélère son passage. Et elle flambe. Et cette flambée la gaspille. Mais que serions-nous sans la fatigue, sans la solitude, sans la douleur? Sans elles, passivité, consensus, bêtise. Sans elles, quel goût? Quelle énergie? Sur la langue passe une odeur de feu. Au fond du noir tombe une goutte de lumière. Plaisir du bord sur le bord duquel je me penche. Vertige. Plaisir de résister. Plaisir d'être mortel et de sentir l'ombre noire passer sur ce plaisir comme une menace froide. Je parle. Je parle. Je sens là, en bas, des lèvres qui bougent. Je sens venir le mot inconnu. Le mot qui jamais ne fut dit. Et qui monte vers ma langue en même temps que ce jamais. Et ce jamais est le seul mot que je prononce...

TABLEAU 10 : *Une femme, un homme.*

F – Devant vous, je ne suis plus – nue.

H – C'est donc que je ne le suis pas davantage, ni par vous ni pour vous.

F – Devant vous, je ne suis plus vivante.

H – Vous auriez dû préciser : par conséquent !

F – Qu'il s'agisse de la cause ou de la conséquence ne change rien au résultat. J'ai regardé venir cet état. Je l'ai regardé m'envahir, m'occuper, s'installer.

H – Pourquoi ne m'en avoir rien dit ? Nous aurions pu, ensemble, faire quelque chose contre l'invasion.

F – Où aurais-je trouvé le courage de vous dire que notre lien le plus précieux, celui qu'exprime le mot "Nous", était le complice de cette invasion. Longtemps je n'ai pas eu le courage de me l'avouer à moi-même.

H – Vous acceptez que je ne vous comprenne pas ?

F – Vous n'êtes pas en cause tout en l'étant. Je veux dire que, toujours, votre conduite fut irréprochable. Mais l'irréprochable est une maison sans fenêtres.

H – Vous voulez dire que ma compagnie est devenue ennuyeuse.

F – Non, ce que je viens de dire manque de nuances. L'énoncé en est trop brutal. Le langage ne connaît que la ligne droite alors qu'on voudrait des ramifications, des contours.

H – Dois-je deviner que vous êtes insatisfaite?

F – Comment dire que je suis insatisfaite à force de satisfaction?

H – Vous me jetez dans l'impuissance!

F – Votre virilité n'est pas en cause. Nous étions d'accord sur un point: pas de diversion en cas de problème entre nous. Et surtout pas de salut, ni au moyen de la politique, ni au moyen de la conceptualisation et pas même au moyen de l'amour. Et pourtant nous avons créé peu à peu une sorte de salut provisoire…

H – C'est vrai nous disposons d'une si-tu-a-tion, mais n'étions-nous pas d'accord pour en faire la base de notre liberté ?

F – Et voilà pourquoi la contester relève d'une exigence aussi fausse que vraie. Et cependant je la conteste par une révolte dont je n'arrive plus à réfréner la spontanéité.

H – Changer de vie n'a jamais suffi à changer la vie!

F – Sans doute mais le désir de changement révèle que les

choses ont glissé sous nos pas, et que ce glissement s'accorde mieux avec la vérité de la vie que la stabilité.

H – Je regarde et j'aperçois tout à coup l'Autre en vous, et cela est assez troublant pour que je ressente le glissement que vous dites.

F – Rien n'est suffisant, n'est-ce pas? Rien, pas même que je vous échappe.

H – Tant que vous êtes là, j'ai le sentiment que je peux vous retenir.

F – Je le sens, et la pensée que je pourrais céder à cette douceur suscite en moi une violence, une colère …

H – Que pouvons-nous faire de ça?

F – La violence a besoin de porter un coup définitif avant de se résoudre à l'apaisement.

H – Et je suis sa seule victime possible …

F – Pas de grands mots! Je ne veux qu'effacer un nous devenu fantôme. Et puis il est temps de vous apercevoir que la vie n'a de sens qu'au moment où la perte nous prend à la gorge …

TABLEAU II : *Homme seul.*

Silence. Il marche.
On sent qu'il porte lourdement son silence.

… J'ai regardé le ciel. Geste aussi vieux qu'est vieille l'humanité. Le fameux silence des espaces infinis… Il est assez fréquent que cette contemplation vous comble. N'est-il pas insensé que le vide vous comble ? Et plus parfaitement que n'importe quelle union… C'est que le vide n'a pas de restes. Lui seul est absolu. Un absolu de rien. Tout ce que je comprends, et à mesure que je le comprends, me jette au-delà de la chose comprise. Oui, me jette dans le vide. Et le vide anéantit sa compréhension si bien que me voici, bouche bée, en train de manger du ciel… Ma nuque bientôt se fatigue. Le comble a déjà volé en éclats. J'appelle alors le soleil pour qu'il plante dans mon crâne le coup de grâce dont la pointe empalera mon cerveau, ma langue, puis ma gorge. Je me représente cela : cette brochette d'organes tournant dans le feu du ciel. Ce feu brûle conscience et pensée, brûle mon Je jusqu'au Tu… Je veux… Je voudrais concevoir enfin une image irrésistible. Entendez-moi : une image assez meurtrière pour s'auto-détruire en me détruisant à l'instant où je me la représente… Là-haut, le ciel est bleu par-dessus les nuages. La voûte de mon crâne me sépare de ce bleu. Le vide exige ma mort pour devenir mon propre absolu. Je le sais. En vérité, je ne sais rien. Je sens cela, et cela foudroie mon savoir. Cette foudre empale tout ce que j'ai su puis le brûle. Mais quelque chose résiste à la brûlure, quelque chose qui est moi vivant. Ainsi je repousse cela même que j'appelle dans le moment même où je l'appelle. Et ce geste, qui écarte le vide, me déchire. Et cette déchirure dévoile le ciel inverse, qui est en moi mon propre abîme. Là-dessus tombe la nuit de la chair humaine, mais dans son épaisseur rôde un désir, rôde un tourment, rôde la hantise d'un visage qui n'apparaît pas si bien qu'indéfiniment quelque chose cherche quelqu'un... quelque chose cherche à jamais quelqu'un...

Héloïse et Abélard
drame avec chansons

Note

Que faire d'une histoire quand on la croit connue de tous ?
Le premier mouvement est d'en réviser tous les éléments,
toutes les versions, dans l'espoir que votre lecture en renou-
vellera la matière. Cela fait, vous voilà prisonnier au contraire
d'un déroulement fléché par l'histoire dès lors que vos personnages – et c'est le cas pour Héloïse et Abélard – doivent
beaucoup plus à la réalité qu'à la légende. Ainsi, comment
oublier qu'Abélard joue un rôle majeur dans la philosophie
médiévale, même si l'opéra n'est pas le lieu d'un exposé philo-
sophique ? Certes, c'est la relation amoureuse qui a fondé la
célébrité de vos héros, mais la séduction est à ce point passée
par la philosophie que celle-ci est inséparable de l'amour.
D'ailleurs, la figure d'Héloïse doit autant à l'intelligence de
la disciple qu'à la sensualité de l'amante …

Tout cela, immédiatement, a troublé le librettiste du côté de
son "sujet" mais, se disait-il, la solution se tient toujours dans
l'acte d'écrire. Sauf que l'écriture se heurtait à cette question :
qu'est-ce que le genre "livret d'opéra", et s'il existe, faut-il le
respecter ? Ahmed Essyad, discrètement consulté, ne parlait
que de la nécessité d'une dramaturgie assez forte pour générer
tension, intensité… D'accord, n'osait dire le librettiste, mais
veux-tu de la prose ou des vers ? Le temps passait et les choses
n'avançaient pas.

Finalement, une possibilité se fit jour : et si "dramaturgie"
renvoyait simplement à "action théâtrale", puisque, après
tout, l'opéra est une sorte de théâtre ? Les deux premières
scènes jaillirent la-dessus, écrites en prose comme des scènes

de théâtre! Cependant le blocage reprit aussitôt car il semblait indispensable que la rencontre d'Abélard et Héloïse ait une circonstance professorale, et qu'y a-t-il de plus prosaïque qu'une leçon, fût-elle magistrale? Jankélévitch psalmodiait bien ses cours en Sorbonne, mais à quoi servent les références sinon à paralyser la dramaturgie? Des recherches sur la querelle des Universaux, sur la transmission de la philosophie grecque par les Arabes, sur le néoplatonisme servirent à retarder l'affrontement du problème, puis une première version de la leçon d'Abélard fut écrite et soumise à Ahmed, qui la récusa dans cet état sans récuser l'obligation d'en passer par elle; Abélard séduirait donc Héloïse par l'exposé de sa pensée, après quoi tout le monde pourrait donner libre cours à ses passions – y compris le librettiste, qui décida d'écrire des chansons. Il pouvait en cela se réclamer d'Abélard, qui chansonna ses amours, et puis il rêvait d'entendre un jour fredonner du Ahmed Essyad comme on entend du Verdi ou du Kurt Weill!

La suite vint alors tout naturellement: les chansons jouaient le rôle d'images d'Épinal résumant et relançant l'action, et l'action elle-même s'appuyait sur quelques données traditionnelles pour amener les personnages à devenir tels qu'en eux-mêmes leur actualisation les change. Ahmed réclama un chœur parce qu'il s'en trouve un excellent à Strasbourg. Le chœur rapprocha encore l'action de notre monde en devenant journalistique. Ahmed réclama un quatrième acte et le librettiste pensa transporter tous ses personnages au paradis, non pas le céleste, mais celui que façonne la mémoire. Finalement, quatre actes, c'était trop – et tant pis pour le paradis, qui ne saurait valoir le présent absolu où l'amour nous fait vivre … et durer!

La commande passée par l'Opéra du Rhin, dirigé par Rudolf Berger, se limitait à un titre, *Héloïse et Abélard,* avec toute liberté quant à ce qu'il recouvrirait. L'obligation se limitait donc à faire vivre ces deux personnages et leurs amours.

Ahmed Essyad, le compositeur, a conservé l'intégralité de l'acte I, qui expose toutes les données de l'action. Il a considérablement abrégé la suite, en particulier l'acte II.

En conséquence, l'auteur se dit que, après tout, il a écrit "un drame avec chansons", que cette forme est demeurée inexploitée et que, un jour peut-être, elle tentera un théâtre …

La véritable création de l'opéra *Héloïse et Abélard,* musique de Ahmed Essyad, a eu lieu au Théâtre du Châtelet, à Paris, les 16, 19 et 22 mai 2001. La mise en scène était de Stanislas Nordey, la scénographie d'Emmanuel Clolus, les costumes de Raoul Fernandez, les lumières de Philippe Berthomé et la conception sonore de Mark Grey.

L'orchestre philarmonique de Strasbourg était dirigé par Pascal Rophé. Les chœurs de l'Opéra National du Rhin étaient dirigés par Ching-Lien Wu.

La distribution était la suivante:

Héloïse: Jia Lin Zhang   **Abélard:** Peter Savidge
Roswita: Anna Burford   **Garlande:** René Schirrer
          Fulbert: Johnny Maldonado
          Roscelin: Christian Baumgärtel
Les chansons avaient pour interprète: Maja Pavlovska
Le septuor du Conservatoire National de région de Strasbourg: Olivier Class, Veronika Gnezdilova,
          Anne-Irène Kempf, Pierre Lassailly,
          Jérôme Laborde, Gregory Massat,
          Antoine Sobczak.

Ouverture

En ce temps comme en tous les temps
l'amour est la cause à chanter
c'est qu'amour nous refait vivants
quand le cœur est déjà mangé

chaque histoire devrait rester
de l'une ou l'autre la pareille
mais l'une parfois se défait
comme du banal la merveille

cette histoire devient alors
de toute histoire le modèle
n'est-ce pas pour donner aux corps
le sentiment d'avoir des ailes

philosophie et chasteté
promettaient grande résistance
mais que peut faire la pensée
tout à coup prise d'impatience

Abélard céda au désir
devant le regard de l'aimante
n'écoutez pas le temps qui vente
il est moins fort que le plaisir

Héloïse était trop complète
pour se contenter de mourir
avec une âme satisfaite
et une chair sans souvenirs

ACTE I

scène 1 : Abélard ; Garlande.

Garlande – Maître, une fois de plus votre parole a changé la leçon en Pentecôte.

Abélard – C'était pour vous honorer, Monseigneur.

Garlande – L'afflux des dons divins sur une seule personne en fait un exemplaire unique.

Abélard – Non, tout au plus un clair miroir de notre humanité.

Garlande – J'aime la modestie, mais elle ne doit pas obscurcir le mérite.

Abélard – Il ne s'agit pas de cela : il s'agit de reconnaître qu'un individu particulier, même s'il brille comme un astre, ne brille que par le rassemblement des qualités de son espèce.

Garlande – Laissez entre nous cette querelle du particulier et de l'universel, et acceptez donc que je me réjouisse d'avoir un ami exceptionnel ...

Abélard – Qui vous doit la meilleure part de son lustre. Sans vous, il y a longtemps qu'on m'aurait chassé de l'université.

Garlande – Ne surestimez pas mon coeur. Il vous est gagné sans aucun doute, mais vous garder ici, c'est garder au Roi et à la ville une source de gloire et de bénéfices

Abélard – Je préfère les mouvements de votre coeur à ceux du pouvoir et de ses intérêts, mais je serais un mauvais praticien de la dialectique si je ne tenais pas compte des deux.

Garlande – Je suppose que ladite dialectique, dont vous faites un usage nouveau en la mettant au service de la connaissance de Dieu, permet de basculer la tête dans le cœur, et l'inverse. Pourtant, je vous soupçonne d'avoir un peu trop de tête.

Abélard – Voulez-vous dire que je manque de coeur? Je consacre ma vie à la pensée. L'amour de la pensée entraîne une affectivité discrète en ce sens que les feux n'en flambent qu'à l'intérieur. Ma passion est un brasier sous ma langue: elle n'échauffe par conséquent que ma parole. Si je la laissais mettre en châleur d'autres régions, j'ouvrirais leur espace à des désordres dont je me garde. C'est là toute ma tête!

Garlande – Le Christ lui-même a voulu faire l'expérience de la chair.

Abélard – Il est des tentations qu'il faut laisser à Dieu. Lui seul a pu séparer la lumière et les ténèbres. Nous avons pour devoir de nous tenir dans la lumière, cette action nous suffit.

Garlande – Il y a diverses qualités de lumière. Nous pouvons déjà l'observer dans la nature avec la progression des jours.

Abélard – Il y a aussi diverses qualités de pensée. Le problème est qu'elles paraissent dépendre de l'éloquence.

Garlande – Vous ne sauriez vous en plaindre!

Abélard – Je m'en plains quand j'ai l'air d'être le débiteur de la séduction et non pas de la vérité. J'ai l'impression parfois d'être un renard du silence.

Garlande – Que voulez-vous dire?

Abélard – Vous savez que le renard n'est tranquillement à son affaire qu'à l'heure où les poules sont enveloppées par le noir de la nuit. Et moi, je ne suis pareillement à mon affaire qu'à partir du moment où têtes et coeurs sont enveloppés de silence.

Roscelin est apparu durant la dernière phrase. Il s'avance.

Garlande – Nous débattrons de cette image. Voici un confrère auquel je vous laisse.

Il sort avec un petit salut à l'adresse de l'arrivant.

scène 2 : Abélard, Roscelin.

Roscelin – Je suis fâché d'avoir dérangé votre cour.

Abélard – Garlande est un ami.

Roscelin – Un ami haut placé.

Abélard – Ses mérites sont en effet très hauts.

Roscelin – Tout comme vos intérêts.

Abélard – Mes intérêts se confondent avec ceux de notre école, et donc avec les vôtres.

Roscelin – J'en éprouve chaque jour la générosité: elle est si débordante qu'elle occupera bientôt toute la place.

Abélard – C'est que la place, ici, est sans doute comptée. Vous connaissez bien sûr les paroles de l'Écriture: beaucoup sont appelés et peu sont élus.

Roscelin – Les élus dont parle l'Écriture ne doivent leur élection ni aux manœuvres ni aux intrigues.

Abélard – Voilà qui est justement dit! Vous venez de caractériser des actions qui ne vous ont pas réussi. Je vous donne quittus de ce mérite.

Roscelin – La vanité est chose dans le monde si répandue qu'on ne saurait en faire grief à qui la pratique avec un naturel aussi parfait. Elle peut même, dans un premier moment, faire illusion. Vous êtes depuis peu à Paris.

Abélard – Depuis peu, c'est vrai, mais ma réputation m'y avait précédé. D'ailleurs, je ne dois qu'à elle d'avoir été prié d'occuper dans votre école la place qui lui revenait.

Roscelin – Vous voulez dire que votre réputation dépasse largement les dimensions de votre personne.

Abélard – Vous pourrez en juger vous même à l'occasion de ma prochaine leçon. Aux étudiants venus m'écouter depuis la Flandre et la Bretagne des nouveaux se sont joints, qui viennent de Courlande, de Bavière et d'Espagne.

Roscelin – Vos amis savent ouvrir leur bourse : priez pour qu'il n'arrive aucun accident à cet organe indispensable à votre gloire.

Abélard – Je vous invite, non seulement à venir juger par vous-même, mais à vous servir de ma prochaine leçon pour y faire retentir la contradiction.

Roscelin – Merci. J'ai peu de goût pour la polémique mais beaucoup pour la vérité. Je vous salue.

Abélard – Et moi je vous attends.

Ils sortent chacun de leur côté.

on ne peut plaire à tout le monde
en dépit du désir qu'on a
de semer l'amour sous ses pas
faut-il en faire une chanson
le destin seul vaut qu'on le chante
car il suffit de son piment
pour agrandir nos vies petites
mais c'est pour la même raison
que nous fabriquons des héros
et tant pis pour les conséquences

Abélard avait bonne étoffe
intelligence et beau savoir
séduction pour faire valoir
et puis ce brin de poésie
qui met de l'huile sur le feu
dès que souffle un peu de passion
que soient mêlés ces ingrédients
et la folie battra briquet
pour enflammer un jeune cœur
et tant pis pour les conséquences

il est toujours plus tard qu'on pense
dans le jeu des rivalités

cependant que passe la chance
de changer la vie en bonheur
l'ambition fait feu de la chair
la chair se prend pour l'immortelle
il faut des cris à la beauté
pour que le temps fleurisse l'âme
au bord de la perte de soi
et tant pis pour les conséquences

Abélard entre. Il est seul en scène face au public. On le sent déterminé. C'est au public qu'il va donner sa leçon. Debout et ferme.

Abélard – Au nom du Christ – Jésus – notre Sauveur – je vous salue dans l'amour du Père et de l'Esprit – leur présence compte seule – ici – et vous devez effacer ma personne – qui est indigne – sauf dans la mesure où elle rend hommage – Comment être assez distant de sa parole – pour n'émettre que celle de la vérité ? – prêtez-moi le secours de votre oreille – que son écoute transforme heureusement ce que je dirai – mais n'oubliez jamais que la raison – aussi subtile qu'elle soit – aussi pénétrante et agile – conduit moins sûrement vers la compréhension que la foi – Pour comprendre – il faut croire – car croire est l'unique élan révélateur – Tout le reste nous alourdit, même l'intelligence – Nos facultés portent le poids de notre nature – qui est charnelle et donc soumise – à l'attraction de nos sens – Aucune élévation de ce côté-là – moi qui – par la grâce de Dieu – me suis fait le serviteur de la dialectique – c'est pour avoir trouvé dans son exercice un moyen d'éclaircissement – Et si je prends plaisir à l'enseigner – c'est que j'y ai reconnu une prière de la pensée ...

ACTE I, scène 4

Irruption de Garlande, Fulbert, Héloïse, Roswita et de quelques dignitaires, qui entrent par une porte particulière. Ils prennent place sur un côté. Abélard demeure face à la salle. Un salut silencieux est échangé. La leçon, un instant suspendue, continue. Le regard d'Abélard s'est attardé sur Héloïse.

Abélard – Dieu permet à chacun de découvrir – l'outil le mieux adapté à ses besoins spirituels – preuve encore que la foi est plus efficace que la science – Ainsi, je ne saurais me flatter d'avoir mis fin à la querelle des Universaux – le faisant – je répondais seulement à la volonté divine – qui m'avait choisi comme provisoire instrument – je vous rappelle cette affaire – Le problème venait de Porphyre – qui sans le traiter l'énonça de cette façon – les Universaux existent-ils dans la réalité – ou bien ne sont-ils que des objets de la pensée ? – À peine commence-t-on à chercher la réponse – deux nouvelles questions surgissent – s'ils appartiennent à la réalité, on se demandera si les Universaux sont corporels ou incorporels – et s'ils ne relèvent que de la pensée – on se demandera s'ils sont ou non séparés des choses sensibles – (*il regarde Héloïse*) – Je m'aperçois que les Universaux ont été cantonnés aux genres et aux espèces – pourquoi avoir oublié la beauté ? – (*Il se reprend*) – La matière et la forme – toujours – nous apparaissent inséparablement – Grâce à la dialectique je peux – dans l'inséparable – distinguer le particulier et l'universel – (*son attention revient vers Héloïse*) – Considérez un beau visage – n'est-il pas évident que sa forme est particulière ? – mais si Dieu embellit le périssable n'est-ce pas dans le but de nous faire apercevoir sa nature accidentelle ? – Le rôle des circonstances est de nous inspirer des réflexions salutaires – Le particulier nourrit notre savoir – l'universel inspire notre opinion – La beauté est-elle la conséquence de notre regard – ou vient-elle du sujet regardé ? – Notre pensée n'avance qu'au gré d'un mouvement – qui est le sens –

mouvement alimenté par les mots – mais savez-vous d'où naissent les mots? – De notre effort pour saisir les nuances des choses et des sentiments – On croit que c'est là un effort d'abstraction – pas du tout – c'est la volonté de s'unir par le verbe à l'objet de notre amour – Ainsi va la prière – qui nous élève vers la beauté – Apprenez à former le mot juste – lui seul agit comme agit le nom de l'aimé – l'esprit est dans la vérité quand il ne sépare pas ce qui nomme et ce qui est nommé – Il possède alors le pouvoir de faire apparaître – et celui de garder présent à jamais – Qu'il soit de nous selon cet élan – dont j'espère n'avoir pas démérité devant vous – Amen ...

scène 3 : *Elle s'enchaîne à la précédente et commence donc dans la dispersion des auditeurs: étudiants enthousiastes, clercs et moines dubitatifs. Garlande et Fulbert sont enfin devant Abélard ...*

Garlande – Le nombre de vos auditeurs a augmenté encore... Et voici le chapitre de Notre-Dame qui vient à vous en la personne du chanoine Fulbert, clerc de haute sagesse.

Abélard – Je vous salue, messieurs, et vous remercie de la patience qui fut la vôtre en m'écoutant.

Fulbert – Je suis très honoré, Maître, d'avoir reçu votre lumière. Je ne manquerai pas d'en témoigner.

Abélard – Trève de politesses. Ma dialectique a subi quelques perturbations sans doute parce que la poésie, pour une fois, eut mieux convenu à la situation.

Garlande –Vous la pratiquez avec un égal bonheur, mais cette ville ne le sait pas encore.

Abélard – Il y avait là, au premier rang, des oreilles inhabituelles ...

Garlande – Mais très averties!

Fulbert – Si c'est de ma nièce que vous parlez, Héloïse est son nom, elle est en effet assez exceptionnelle parmi les jeunes personnes de son sexe: elle connaît aussi parfaitement le grec que le latin ...

Garlande – Et, m'a-t-on dit, possède également d'assez bons rudiments d'hébreux.

Fulbert – Je n'en puis, hélas! juger par moi-même. Je me demande si cet appétit de savoir est bien convenable pour sa condition.

Abélard – N'en doutez pas: le savoir est comme l'échelle de Jacob, qui mène directement au paradis.

Fulbert – J'aurais préféré le sentier plus modeste de l'humilité puisque je ne puis surveiller ses études. J'avais pensé, mais je n'ose...

Garlande – J'oserai donc pour vous, vu l'honneur que vous m'avez fait en vous confiant à moi...(*vers Abélard*). Le chanoine Fulbert a permis aujourd'hui à sa nièce de venir vous écouter en compagnie de sa confidente, Roswita ... Il avait une arrière pensée : celle de vous présenter les deux jeunes filles, mais leur pudeur les a fait se retirer.

Fulbert – Dites plutôt leur enthousiasme – un enthousiasme qui les a rendues plus timides !

Garlande – L'arrière pensée du chanoine Fulbert était de vous demander de contrôler les connaissances de sa nièce ...

Fulbert – Et même de les compléter, si toutefois vous l'en jugez digne.

Abélard – Comment pourrais-je exercer le ministère que vous me demandez en toute discrétion ?

Fulbert – Je crois posséder le remède à cette...

Garlande – Oui, nous en avons parlé ... J'avoue m'être permis de suggérer au chanoine Fulbert la solution ... mais il y avait déjà songé lui-même si bien que nous n'avons fait que nous rencontrer ... Le chanoine dispose d'une grande maison, alors que vous ne disposez pour l'instant que d'un logement précaire. Il pourrait vous céder l'usage d'une aile de sa maison en échange de l'éducation de sa nièce.

Abélard – Les inventions de l'amitié sont comme les bienfaits du Seigneur... Me voilà rassuré du côté des convenances et agréablement comblé du côté de mon avenir ...

Ils sont visiblement tous les trois satisfaits.
Sourires de congratulation.

62

Chanson finale de l'acte 1

le destin a tout mis en place
pour disposer ses pions humains
la partie est un coup de grâce
la règle un joli va et vient

les voilà déjà face à face
le corps tendu à l'autre main
la chair offerte à qui l'enlace
et le cœur ému pour un rien

dès que le désir fait surface
la peau fleurit comme un jardin
l'amour met partout de l'audace
le feu flambe et le ventre geint

la partie est un coup de grâce
quand on y joue des pions humains

l'appétit de la bouche basse
jette en bas tout élan divin
tant pis si la gloire se casse
elle n'est pas le seul chemin

c'est que l'amour est une chasse
où chacun se croit le destin
quand chacun est pris dans la nasse
tressée de sexe et de besoin

la partie est un coup de grâce
quand on y joue des pions humains

ACTE II *La maison de Fulbert.*

scène 1: *Héloïse et Roswita.*

Héloïse — Que faire quand tout devient raison de battre la raison et de considérer la vertu comme un mensonge?

Roswita — Tu vas trop vite, tu dévores, tu ne laisses pas le temps au temps.

Héloïse — Je brûle: l'incendie oblige aux décisions rapides.

Roswita — Mais qu'y a-t-il de si pressant à la fin?

Héloïse — Je l'aime! Il me parle en grec ... Je l'aime. Il m'enseigne la rhétorique ... Je l'aime. Et cependant, j'écoute ce qu'il me dit, j'apprends ce que je dois, bref j'étudie, j'obéis, je suis parfaite et la perfection augmente l'amour.

Roswita — Mais lui, t'aime-t-il?

Héloïse — Il me regarde, et son visage devient beau comme celui ... j'allais dire celui d'un dieu, mais il n'y a qu'un seul Dieu! Et je ne sais pas quel est son visage ... On nous fait adorer des figures invisibles, et moi j'aime ses yeux visibles, son front visible, sa bouche visible.

Roswita — Tu n'as pas répondu à ma question.

Héloïse — Quelle question? Il est aimable, ne le suis-je pas aussi?

66

Roswita – Mais les choses dites, les choses avouées sont pareilles aux choses visibles : elles entrent dans l'évidence et sont indubitables.

Héloïse – J'ai fait de grands progrès en hébreu : j'ai traduit l'histoire de Loth et celle de la baleine. Il m'a félicitée en soulignant que l'aventure de Jonas prouve bien qu'il nous faut suivre le chemin tracé par Dieu ... Ensuite ...

Roswita – Il t'a demandé ton avis là-dessus ?

Héloïse – Ensuite ... Il a baisé mes lèvres.

Roswita – Et tu as accepté ce baiser comme une récompense ?

Héloïse – Puis caressé mes seins ... Je me suis sentie rachetée par cela même qui était censé me perdre.

Roswita – Depuis toujours, tu as du goût pour les choses extrêmes.

Héloïse – N'es-tu pas jalouse ?

Roswita – Jalouse de toi, jalouse de lui ?

Héloïse – Non, jalouse du savoir que me vaut cet amour : il me révèle des choses cachées à qui ne connaît pas l'amour.

Roswita – J'aurai mon tour, sans doute.

Héloïse (*riant*) – Je t'interdis de tendre par ici les pièges de la tentation.

Roswita (*riant aussi*) – Ce n'est pas mon professeur, ni mon locataire.

Héloïse (*riant toujours*) – Et tu n'es pas moi!

Elles se prennent par la main et dansent en continuant à rire.
Entre Fulbert.

ACTE II, scène 2 : *Héloïse, Roswita, Fulbert.*

Fulbert – En voilà un tapage, cette maison n'est pas celle du bruit, mais de l'étude, du recueillement et de la prière.

Roswita – Pardon! Notre joie n'a rien d'impie: nous célébrions les progrès d'Héloïse en hébreu.

Fulbert – La conduite des jeunes-filles est pour moi de l'hébreu!

Héloïse – Vous savez, mon cher oncle, mon attachement à l'étude et mon désir de ne jamais vous déplaire. Ne m'avez-vous pas recommandé souvent de prendre quelque détente?

Fulbert – C'est vrai, mon enfant, je crains d'être pour toi une compagnie fort lugubre, et qui ne saurait compenser la perte de ta mère en dépit de l'amour que j'ai pour toi.

Héloïse – Je connais votre cœur et aussi l'exigence de vos obligations.

Roswita – Héloïse ne tarit pas d'éloges quant à vos bienfaits.

Fulbert – Dieu m'est témoin que je n'étais pas préparé à veiller sur une enfant, mais je pense avoir trouvé la juste voie en confiant son éducation à Maître Abélard.

Roswita – N'en doutez pas : Héloïse, grâce à lui, avance beaucoup plus rapidement vers la maturité.

Héloïse – Il souhaite précisément vous en parler, mon oncle, (*entre Abélard*) et d'ailleurs le voici. Nous vous laissons l'un à l'autre ...

Héloïse et Roswita sortent en se donnant la main.

scène 3 : *Fulbert et Abélard.*

Abélard – S'est-elle plainte de moi ?

Fulbert – Que voulez-vous dire, Maître ?

Abélard – Héloïse...Votre nièce, a-t-elle trouvé brutales mes façons ?

Fulbert – Héloïse n'a pour vous que de la reconnaissance et de l'admiration.

Abélard – J'ai du sévir, oui, user de punition.

Fulbert – Punissez, punissez, la chose est indispensable à cet âge : éduquer et apprivoiser se ressemblent.

Abélard – Je crains d'avoir cédé à l'impatience et par voie de conséquence à l'emportement, aussi je venais vous prier de m'infliger une pénitence.

Fulbert – Moi, une pénitence! Et à vous! Je crains plutôt que vous ne manquiez de sévérité dans l'enthousiasme de faire partager votre savoir.

Abélard – Le savoir, Monsieur, ne se communique bien qu'entre ceux qui partagent la même étoile.

Fulbert – J'imaginais – pardonnez-moi, par manque de savoir j'en suis réduit à l'imagination! J'imaginais donc que le savoir se partage comme la communion.

Abélard – C'est que votre générosité confond le savoir et l'amour, mais vous n'avez pas tort car il faut de l'amour pour comprendre et de la science pour avancer dans l'amour.

Fulbert – Que Dieu vous bénisse et vous conserve en ces saintes pensées ... Mais ma nièce vient réclamer votre leçon.

Entre Héloïse. Fulbert se retire à l'opposé.

scène 4 : *Héloïse et Abélard.*

Fulbert les observe un moment en souriant.

Abélard – C'est l'heure en effet, mademoiselle.

Héloïse – Je l'attendais en tremblant.

Abélard – Ma sévérité, j'en suis sûr, n'aura plus la moindre raison.

Héloïse – Elle m'est aussi précieuse que vos leçons.

Abélard – Peut-être en fait-elle partie.

Héloïse – Mon corps reçoit ainsi sa part de votre attention.

Abélard – Je le souhaite soumis, et attentif toujours plus.

Héloïse – Vous avez tantôt reconnu ses progrès.

Fulbert sort avec un petit geste amical.

Abélard – Tu vois mon impatience! Je te reprochais déjà d'être moins sensible que moi à l'aiguillon de l'amour.

Héloïse – Mon coeur galopait devant moi : il veut battre contre le tien. Toi, tu parlais, tu parlais, au lieu d'ouvrir ta poitrine.

Abélard – Je parlais afin d'écarter le soupçon et la menace. Je parlais pour te protéger des autres et de toi-même.

Héloïse – Depuis que je t'aime, Dieu est avec moi. Je n'ai peur ni des autres ni de leur jugement. Je suis ta sainte et serais fière que l'on me proclame ta putain.

Abélard – Crois-tu que je sois moins bouillant? Ton corps le sait. Toi, tu ne sais peut-être pas que mes ennemis sont à l'affût, et que je dois nous voiler de ma prudence.

Héloïse – Pas maintenant, mon amour, pas à l'instant où le désir nous presse de jeter loin de nous tout ce qui nous habille.

Abélard (*la prend dans ses bras*) – Tu m'as révélé ce qu'aucune science ne pouvait m'apprendre.

Héloïse – Sauf celle de l'amour! Je suis seulement la plus naturelle de nous deux ... Écoute-moi:

> Il paraît que la continence
> Est le verrou de la vertu
> Mais quiconque fait pénitence
> Peut goûter au fruit défendu
> Il suffit d'un peu d'alternance
> Pour qu'au cuit succède le cru
> Et que la parfaite innocence
> Ne soit plus qu'un pays perdu
> Gardez-vous donc de l'abstinence
> On n'y trouve pas l'absolu

On murmure que tu es l'auteur de cette chanson.

Abélard – Le seul murmure qui vaille est celui qui va de tes lèvres à mon cœur.

Héloïse – Je voudrais que Dieu fasse pousser dans ma bouche autant de langues que tu en mets dans mon esprit afin de pouvoir te donner plusieurs baisers à la fois.

Abélard – Ta langue est unique comme l'est toute révélation.

> Ta langue a mis fin au silence
> Qui me tenait lieu de vertu
> Je me croyais dans l'innocence
> Et n'étais qu'un irrésolu
> Amoureux de la connaissance
> Tout le corps comme un résidu

Héloïse

> Mais voici qu'amour m'a saisi
> De mon cœur a fait une flamme
> Et de mon corps un infini
> Dont ta venue est le sésame
> Tout de toi me met à merci
> Depuis que ma vie te réclame

Abélard

> Moi qui cherchais l'évidence
> Pour jeter bas le débattu
> Il a suffi que tu t'avances
> Pour que me voilà éperdu
> Désormais une seule urgence
> Être en tous les temps ton élu

Héloïse – Sais-tu que toute la ville chante ta chanson et bientôt tout le royaume?

Abélard – On ne sait pas quel est l'auteur de la chanson.

Héloïse – J'espérais en connaître la destinataire, mais je vois bien qu'il ne me reste plus qu'à la jalouser.

Abélard – L'auteur n'a voulu peut-être que fournir à deux corps l'occasion de se mettre à l'unisson.

Héloïse – Chanter préparerait ainsi les lèvres au baiser ...

Abélard – Et mettrait les langues dans une agitation propice à la caresse dont la bouche est le seuil.

Héloïse – Puis-je vérifier, mon cher maître, si tel est bien l'effet de la chanson?

Elle se jette dans les bras d'Abélard, et il s'en suit des étreintes si passionnées que leur prochaine conséquence ne fait aucun doute. Fulbert paraît à l'endroit même où il s'était retiré. N'a-t-il pas assisté à toute la scène?
Abélard a vu qu'ils étaient vus. Il recule en gardant Héloïse contre lui, qui ne voit rien et continue le jeu d'amour.
Soudain, elle aperçoit Fulbert, pousse un cri et entraîne vivement Abélard hors de la pièce.

scène 5 : *Fulbert seul.*

Fulbert s'avance comme s'il allait poursuivre le couple. Il s'arrête, hésite, très nerveux, recule, va et vient.

Fulbert – Traîtrise et trahison ... Tout ne fut que mensonge!

Et c'est moi – moi qui l'ai introduit dans ma maison – moi qui l'ai prié d'y venir – moi qui ai jeté ma nièce dans sa gueule – pauvre innocente offerte au profanateur – pauvre victime de sa confiance et de la mienne – un savant qui pourrit la science – grand homme et petit séducteur – artifice et tromperie – un vil, un fourbe corrupteur – un satan déguisé en saint – vengeance – vengeance – il faut corriger l'infâme – l'empêcher de nuire, de salir, de polluer l'enfant …

Paraît Roscelin, qui s'incline avec déférence.

scène 6 : *Fulbert, Roscelin.*

Roscelin – Pardon. Je ne voudrais pas être importun. Je n'ai trouvé personne pour me faire annoncer.

Fulbert – Soyez le bienvenu. Vous avez choisi le bon moment.

Roscelin – Ils le sont tous pour qui cherche à bien faire puisque tous peuvent assurer notre salut.

Fulbert – Certains jours, le salut est un besoin immédiat.

Roscelin – Nous avons à tout moment besoin du ciel, mais Dieu est moins pressé que nous.

Fulbert – Certains actes exigent que leur auteur les rachète, n'est-ce pas ?

Roscelin – C'est le cas de tous nos péchés.

Fulbert – Bien sûr, mais que pensez-vous des péchés qui sont commis contre l'un de nos semblables et non contre Dieu?

Roscelin – Il est probable, selon toute justice, que Dieu ne pourra qu'être offensé par ce qui offense l'un de ses fidèles.

Fulbert – Vous voulez dire que quiconque me fait du tort fait également du tort à Dieu?

Roscelin – La chose doit s'envisager mais il faut évidemment examiner le cas afin que ne soient pas confondues morale et amour propre, morale et vanité.

Fulbert – Pensez-vous que je pourrais me rendre coupable de pareille confusion?

Roscelin – Ce que j'avançais là ne relève que du plan théorique: il va sans dire, monseigneur, que vous ne sauriez faire l'objet d'un tel soupçon.

Fulbert – Pourtant, j'avoue que la colère me dévore, et même qu'une rage folle secoue mon coeur.

Roscelin – Il faut à cela une bien grande cause, et même une cause exeptionnelle car nul ne vous a connu dans cet état.

Fulbert – On m'a trahi, volé, souillé. On a piétiné ce que j'ai de plus cher au monde. On a fendu ma poitrine et arraché mon âme. On m'a rendu insupportable à moi-même à force d'impudeur et d'humiliation.

Roscelin – Je vois qu'on a gravement péché contre vous sans apercevoir toutefois la nature du mal qui fut commis.

Fulbert – Si j'étais la seule victime, le mal ne serait pas grave, mais l'attentat est ignoble : il a détruit l'innocence, il a corrompu l'avenir, il a ravagé tout ce qui portait mon espoir.

Roscelin – Dois-je comprendre qu'il s'est trouvé un maître assez félon et débauché pour mettre sa science au service de la fornication ?

Fulbert – Vous avez deviné la mécanique du malheur qui me frappe.

Roscelin – Je venais justement vous mettre en garde. J'arrive trop tard pour détourner le coup, mais à temps pour aider à la vengeance ...

Ils s'éloignent, Roscelin toujours parlant à Fulbert pour – on le devine – lui chuchoter un projet de vengeance.

ACTE III

scène 1 : *Choeur des journalistes et Choeur des passantes.*

Journalistes – On apprend ce matin de source bien informée...

Passantes – Bien informée ... bien informée ... voilà un joli nom pour la rumeur.

Journalistes – On apprend qu'une personnalité de notre ville...

Passantes – Une personnalité ... Qui aujourd'hui n'est pas la personnalité de quelqu'un? Ne suffit-il pas justement que l'on parle de vous?

Journalistes – Un maître ... Un grand savant à la tête bien faite ... Une lumière ... Un bienfaiteur de la pensée ... Une voix conçue pour enchanter l'esprit...

Passantes – Dites plutôt pour enchanter les cœurs ... Mais qu'est-il arrivé? Quand on vante pareillement quelqu'un, c'est que le malheur est passé sur lui.

Journalistes – Un grand malheur en effet ... Et qui nous touche tous ... Il a fallu une grande accumulation de ténèbres pour que l'un de nous fomente un tel complot...

Passantes – Complot? Complot? Si les ténèbres s'accumulent en nous, c'est par le mauvais sort que vous faites à la vérité ... vous qui lui préférez toujours le service des intérêts particuliers...

Journalistes – Nous avons l'habitude d'être maltraités parce que notre vérité dérange et déplaît mais, ce matin, il ne s'agit que d'une information ... Un fait ... un simple fait dans sa nudité indiscutable ...

Passantes – Les faits eux-mêmes sont tributaires de votre langue, qui les étale ou les réduit, selon que vos maîtres veulent ou non en faire usage ...

Journalistes – Le fait que nous rapportons ce matin ne souffre que de l'obstacle opposé par votre bavardage à sa proclamation.

Passantes – Nous, un obstacle! Nous qui sommes ici l'oreille sans laquelle tous vos faits et toutes vos informations ne seraient qu'une goutte de vent dans le vent du matin...

Journalistes – On apprend ce matin ... de source bien informée ... qu'un philosophe hors pair ... un bienfaiteur de la pensée contemporaine ... a été victime d'un attentat épouvantable ... Il dormait après une longue journée d'études ... Il dormait d'un si juste sommeil que l'irruption... pour lui sûrement impensable ... que l'irruption du mal ne l'a pas réveillé ... Combien étaient-ils contre lui? Trois, au moins, qui l'ont troussé, maintenu et privé des attributs de sa virilité ... La chose fut si prompte que le réveil a coïncidé avec l'ablation ... Et déjà les coupeurs et leur couteau avaient trouvé un refuge dans l'ombre ...

Passantes – Quelqu'un a voulu se venger ... mais voilà un acte qui n'est pas la vengeance à tirer d'un philosophe ...

Quand une pensée vous fait un peu trop d'opposition, on lui coupe la langue ...

Journalistes – Maître Abélard n'avait sans doute pas qu'une pensée gênante, ni seulement des rivaux en dialectique ...

Passantes – Maître Abélard ... Pierre Abélard ... À qui rêverons-nous maintenant d'ouvrir notre lit et nos jambes? Toutes – oui, toutes, nous étions jalouses d'Héloïse ...

scène 2 : *Roscelin, Fulbert. Ils se croisent dans la rue.*

Roscelin – Le bruit court que vous êtes vengé.

Fulbert – Comment pourrais-je l'être? Rien ne répare l'irréparable. Il en va de la virginité comme de la vie: on ne la ressuscite pas.

Roscelin – Ces choses-là ne me sont point familières, mais vous le savez comme moi, la toute puissance de Dieu peut vaincre l'impossible.

Fulbert – Je vous en prie, laissez Dieu tranquille!

Roscelin – Le moment n'est pas aux mouvements d'humeur entre nous.

Fulbert – Dites-moi plutôt le prix de vos services et finissons-en!

Roscelin – J'ai seulement fait en sorte que vos prières soient couronnées de succès.

Fulbert – Je n'ai jamais jeté sur ma vengeance le voile de la religion. Je vous laisse le soin de ces mélanges impies.

Roscelin – Une impiété qui vous fut très utile.

Fulbert – Ma colère n'en demandait peut-être pas tant. Vous avez été si prompt à la satisfaire que je vous soupçonne de l'avoir mise au service d'un dessein qui était le vôtre plus que le mien.

Roscelin – N'auriez-vous pas le courage de vos désirs? Vous avez souhaité l'irréparable, et maintenant il est trop tard.

Fulbert – La chair est terrible: toute marque sur elle devient définitive.

Roscelin – En ce qui concerne votre nièce, rassurez-vous, elle n'a subi qu'une chose naturelle, et qui devrait vous la rendre plus aimable.

Fulbert – Toute ma vie, je regretterai d'avoir eu commerce avec vous!

Roscelin – En tous cas, vous n'avez plus de concurrent dans votre maison.

Fulbert – Il me reste à votre égard une dette: celle de l'argent que je vous dois pour un rôle dont vous avez abusé mais dont je me sens responsable.

Roscelin – Je n'ai eu recours qu'à des châtreurs de porcs. Ils ont traité l'homme comme la bête. Ce fut si économique que je vous en ferai cadeau.

Fulbert jette une bourse à Roscelin et s'en va précipitamment. Roscelin le regarde s'éloigner avec un sourire ironique, puis conclut :

Roscelin – Il ne s'en remettra qu'en prenant la place du châtré.

On voit apparaître Garlande et Roswita. Roscelin s'empresse de sortir.

scène 3 : *Garlande, Roswita.*

Garlande – Je me demande si ce faussaire de la pensée n'a pas joué un rôle ... Vous savez ce qu'on murmure ?

Roswita – Sans doute faites-vous allusion à ce qui, justement m'a fait courir vers vous : l'attentat contre maître Abélard.

Garlande – Cet attentat, forcément, fut dirigé par quelqu'un, un expert en fourberie, qui pourrait avoir choisi cette mutilation afin que les soupçons aillent vers quelqu'un d'autre.

Roswita – Je crains qu'il ne s'agisse d'un acte de vengeance ...

Garlande – Quel autre motif, en effet ?

82

Roswita – Je voulais dire que la vengeance pourrait avoir pour mobile une raison très ... spéciale.

Garlande – La chose est évidente : on a frappé le bas pour abaisser le haut.

Roswita – Pardonnez-moi : il se pourrait qu'on ait frappé le bas pour le bas.

Garlande – Que voulez-vous signifier par là ?

Roswita – J'ai désiré m'ouvrir à vous mais je crains tout à coup de manquer à la discrétion.

Garlande – Vous savez que je suis un ami très proche d'Abélard.

Roswita – Il ne s'agit pas d'abord d'Abélard mais d'Héloïse.

Garlande – Votre premier mouvement était de me faire confiance : je ne crois pas en avoir démérité.

Roswita – Héloïse et Abélard sont devenus amants. Fulbert les a surpris.

Garlande – C'est sans doute fâcheux, Abélard ayant été reçu dans sa maison, mais c'est après tout normal.

Roswita – Normal aux yeux d'un jaloux ?

Garlande – Fulbert jaloux ! Comme un père certainement l'est toujours de sa fille.

Roswita – J'ai vu souvent son regard ... Je n'y avais pas attaché d'importance, mais depuis ce matin il m'apparaît chargé d'une menace.

Garlande – Courrez vite auprès d'Héloïse et dites-lui que je vais auprès d'Abélard.

Ils se séparent. Passe Fulbert dans le fond.
Garlande aussitôt l'interpelle.

scène 4 : *Garlande, Fulbert.*

Garlande – Monseigneur ... Monseigneur ...

Fulbert – Excusez-moi, monsieur, le service m'appelle.

Garlande – Je ne voulais que saisir l'occasion de vous saluer. J'en profite pour vous remercier encore d'avoir accueilli chez vous maître Abélard, mon ami.

Fulbert – Votre amitié fut une recommandation, sans aucun doute.

Garlande – Je crois deviner un regret.

Fulbert – Je ne suis pas sûr que ma maison convienne à un personnage aussi recherché que votre ami.

Garlande – Soyez assuré qu'il est assez franc pour vous faire part des conséquences éventuelles de sa position.

Fulber – Je n'en doute pas, mais la conscience a parfois besoin d'un délai redoutable.

Garlande – Je m'emploierai à le raccourcir.

Fulbert – Je vous en remercie et vous prie de m'excuser: je suis en retard.

Garlande – À bientôt, Monseigneur.

Ils sortent, chacun de leur côté.

scène 5 : *Héloïse, Roswita.*

Héloïse – J'espérais ta visite ...

Roswita – Je serai là depuis longtemps si je n'avais croisé Garlande.

Héloïse – Je voulais justement t'envoyer vers lui.

Roswita – Il m'a chargé de te dire qu'il se rendait auprès d'Abélard.

Héloïse – J'ai pleuré ... pleuré ... pleuré ... Je suis au bord de pleurer ... Sais-tu ce qui me retient?

Roswita – Non, je ne le sais pas.

Héloïse – C'est l'inconnu!

Roswita – Je ne comprends pas.

Héloïse – J'ai connu le sexe de l'homme ... C'est ce qu'on dit, n'est-ce pas?... et j'en étais fière ... fière de m'offrir à la pénétration du sexe de mon amant parce que la violence qu'il me faisait était aussitôt rachetée par le plaisir réciproque ... maintenant, je sais encore ce qu'il en est de mon sexe mais celui de mon amant m'est devenu inconnu.

Roswita – Qui t'a prévenue?

Héloïse – Mon oncle Fulbert.

Roswita – Comment te l'a-t-il annoncé?

Héloïse – Il m'a dit que le pêcheur avait été puni dans sa chair.

Roswita – C'est tout?

Héloïse – Il a précisé comment au moyen d'une phrase brutale et grossière.

Roswita – C'est tout?

Héloïse – Oui, pour les mots; non, pour le sous-entendu qu'exprimait son visage.

Roswita – Que vas-tu faire?

Héloïse – Je vais punir ma chair pour rester dans l'égalité avec celui que j'aime.

Roswita – J'ai cru comprendre ... J'écoutais des femmes dans la rue ... Que les hommes ayant subi ce qu'a subi Abélard sont des amants très désirés parce qu'ils ne font pas courir le risque de la procréation.

Héloïse – Je ne sais pas ce que peut ou ne peut pas un sexe mutilé, mais je sais qu'à mon amant je dois une réciprocité sans retenue, prudence ou avarice.

Roswita – Les femmes ne sont pas faites comme les hommes!

Héloïse – Leurs corps se complètent, et pour préserver cette complétude, je suis prête au sacrifice ... Va le chercher.

Roswita – Le voici!

Abélard et Garlande se présentent à la vue.

scène 6 : *Héloïse, Roswita, Abélard, Garlande.*

Héloïse – Je priais justement Roswita d'aller vous chercher.

Garlande – J'ai fait moi-même la démarche.

Héloïse – Je vous en remercie. (*À Abélard*) Je vous attendais.

Abélard –Tout le monde semble au courant … Je n'osais plus me présenter devant vous.

Héloïse – Tu dois, désormais, me tutoyer devant tous.

Abélard – Tous sauront ce qu'il manque à ce tu.

Garlande – Permettez-moi de me retirer. Je dois me soumettre à mes obligations.

Roswita – Il est temps aussi que je parte (*Elle embrasse Héloïse*). Je reviendrai dans la soirée.

Garlande et Roswita sortent.

scène 7 : *Héloïse et Abélard.*

Abélard – Dois-je me répéter ?

Héloïse – Répéter quoi, mon amour ?

Abélard – Répéter que je n'osais plus me présenter devant … TOI !

Héloïse – Je ne veux pas de faiblesse entre nous. Je veux que nous restions à jamais dans l'égalité physique qu'une fois pour toutes nous a donné le plaisir partagé comme une communion.

Abélard – Je n'ai plus le même corps.

Héloïse – Dis-moi alors ce que je dois retrancher au mien pour que nous demeurions dans le même rapport.

Abélard – Je crois que mon âme est la seule partie de moi qui ne soit pas atteinte : il va donc falloir qu'elle seule devienne la base de notre relation.

Héloïse – Il me semble que les vivants ne peuvent rien faire de leur âme s'ils oublient qu'elle est, ici bas, inséparable de leur corps.

Abélard – Ce lien n'a servi qu'à souiller mon âme ...

Héloïse – Depuis quand l'amour est-il une souillure ? Ne disais-tu pas : je t'aime de toute mon âme !

Abélard – C'est vrai, mais me voilà maintenant dans un état contre nature.

Héloïse – Ton sexe peut toujours faire l'amour au mien.

Abélard – On le dit, mais mon sexe est privé du souffle de la vie parce qu'il n'est plus entier. Seule mon âme est entière, et notre amour repose sur ce qui est entier, non sur ce qui est incomplet.

Héloïse – Il faut donc que mon amour, pour demeurer complet, se développe dans un entier pareil au tien ...

Abélard – C'est exactement cela, mon amour.

Héloïse – Et comment serai-je entière ainsi?

Abélard – Par le mariage!

Héloïse – Mais il ne fait que bénir l'amour des corps!

Abélard – Par le mariage mystique, qui unira nos âmes dans le présent et à perpétuité.

ACTE IV *Chœur et divers personnages.*

Passantes – L'amour, dit-on, a changé de nature.

Journalistes – L'amour ne change pas. C'est seulement le nom des amoureux qui change. Et il dépend de nous que ces noms soient ou ne soient pas la représentation de l'amour.

Passantes – L'amour ne dépend que de ceux qui s'aiment : chacun de ceux-là s'invente la façon. On dit qu'Abélard épouse Héloïse.

Journalistes – On dit surtout qu'Abélard veut offrir à Dieu ce qu'il ne possède plus.

Passantes – Vous seriez bien glorieux d'avoir ce qui lui reste, ça donnerait du lustre à vos papiers.

Journalistes – L'actualité est tout le présent, et c'est nous qui la faisons. Qui tombe hors de l'actualité, tombe dans l'oubli.

Passantes – L'amour se moque bien de votre actualité : il n'a besoin que de présence, et le seul oubli qu'il redoute est celui de l'indifférence.

Journalistes – Justement, nous sommes les artisans de l'indifférence dès que nous cessons de parler de quelqu'un.

Passantes – Votre indifférence est aussi relative que votre présence : petits calculs, petite stratégie au jour le jour, pas de durée ...

Entre HÉLOÏSE, *elle chante :*

> Que peut faire la pensée
> tout à coup prise d'impatience
> j'avais rêvé de chasteté
> mais le corps a trop d'évidence

Passantes

> L'amour met partout de l'audace
> dès que le désir fait surface
> tant pis pour les projets divins
> il n'existe pas qu'un chemin

Héloïse

> Gardez-vous bien de la vertu
> elle conduit à l'abstinence
> mais nullement à l'absolu
> j'ai découvert que l'innocence
> n'était pas dans la continence
> goûtez donc au fruit défendu

Entre Fulbert.

Fulbert – Vous voilà, ma chère nièce, bien loin de mon éducation.

Héloïse – Mais mon cher oncle, n'êtes-vous pas, désormais rendu fort loin de vos principes?

Fulbert – Vous savez qu'une bonne confession suffit pour que le cœur redevienne limpide.

Héloïse – C'est donc à moi, cher oncle, qu'il faut vous

confesser puisque votre cœur ne s'est assombri qu'au voisinage du mien.

Fulbert – On ne peut se confesser qu'à celui qui est capable de donner le pardon.

Héloïse – Doutez-vous que je le puisse?

Fulbert – Non. J'avoue, Héloïse, que je vous ai aimée sans savoir que je vous aimais d'amour.

Héloïse – Et vous ne l'avez su qu'en vous vengeant de l'amour qu'avait de moi obtenu mon amant?

Fulbert – C'est en effet la vengeance qui m'a révélé la nature de mon amour.

Héloïse – Mais vous avez commis l'irréparable!

Fulbert – Je vous aimerai donc d'un amour sans espoir.

Héloïse – Oui, sans avenir, car vous avez le mauvais rôle et qu'il est trop tard pour en changer.

Les journalistes   Ne croyez pas qu'on tire au sort
les bons les méchants et les autres
la vie a planté le décor
à nous d'y pousser l'un des vôtres
il suffit qu'il batte un record
perde ses couilles crée l'or
ou fasse un peu le bon apôtre

Entre Abélard.

Abélard – Que faites-vous là, mon amour?

Héloïse – Je vous attendais, naturellement.

Abélard – Il me semble que votre place n'est pas ici.

Héloïse – Ici ou ailleurs, nous sommes en trop maintenant dans notre propre vie.

Abélard – Alors, nous allons changer la vie car c'est la seule issue à la fin.

FIN

Cet ouvrage, réalisé d'après une maquette de Theo Leuthold, est composé en Adobe Garamond. Il a été tiré et achevé d'imprimer à 1 000 exemplaires, tous numérotés, sur les presses de l'imprimerie Lacoste-Roque à Mont-de-Marsan le 17 avril 2002.

228

Numéro d'éditeur: 37
ISBN: 2-84623-038-2
Dépôt légal: 2ème trimestre 2002